Para mi familia, sin la cual no habría podido mirar al cielo, y para Iris, el astro de mi vida y el mito que se hizo realidad.

Carlos Pazos

ASTROMITOS

EL SISTEMA SOLAR COMO NUNCA LO HABÍAS VISTO

CARLOS PAZOS

Beascoa

El sistema solar

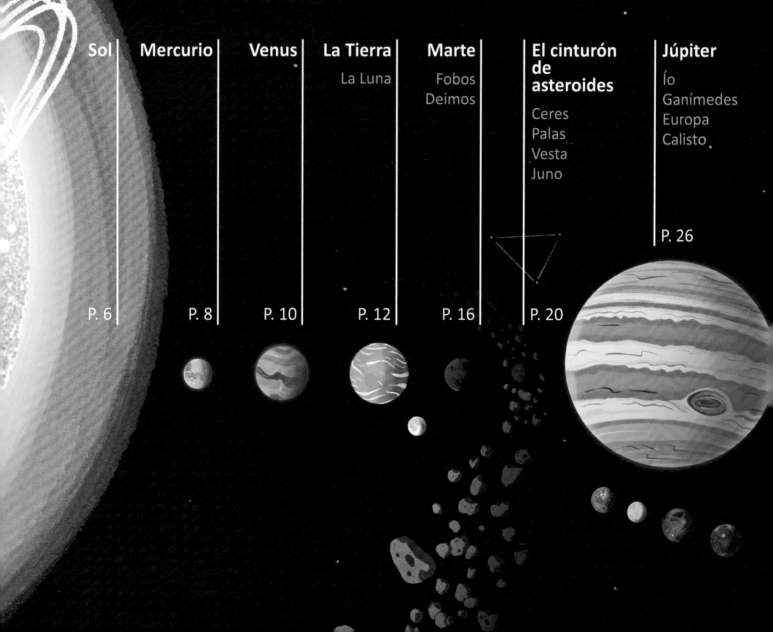

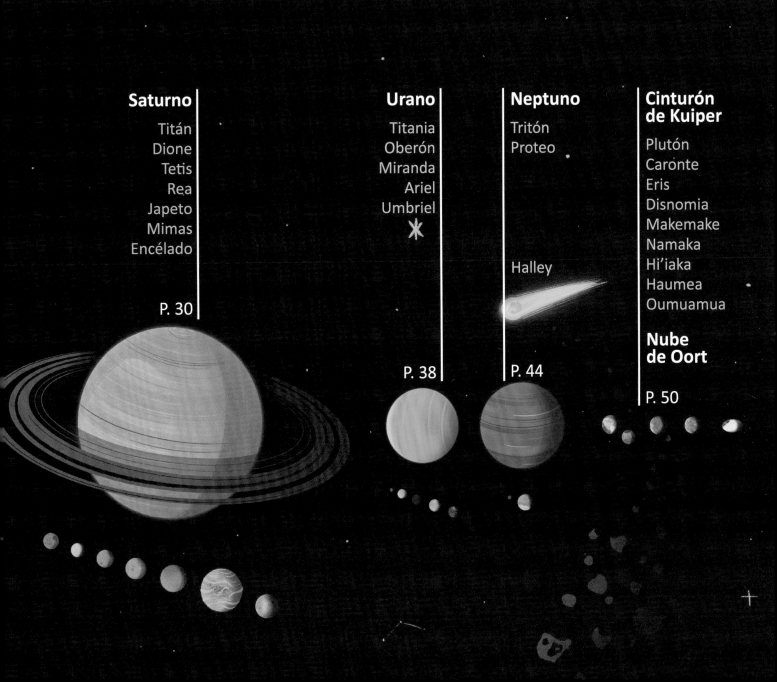

Saturno

Titán
Dione
Tetis
Rea
Japeto
Mimas
Encélado

P. 30

Urano

Titania
Oberón
Miranda
Ariel
Umbriel

P. 38

Neptuno

Tritón
Proteo

Halley

P. 44

**Cinturón
de Kuiper**

Plutón
Caronte
Eris
Disnomia
Makemake
Namaka
Hi'iaka
Haumea
Oumuamua

**Nube
de Oort**

P. 50

Astros y mitos

Hace mucho tiempo, antes de las historias importantes, los cielos estaban llenos de estrellas. En aquella época no había pueblos ni ciudades ni luces artificiales en la noche, y los primeros humanos no sabían lo que eran esos puntitos brillantes sobre sus cabezas.

Los sabios de entonces buscaron la manera de explicarlos, como también hicieron con otros misterios del mundo, y así nacieron los mitos y, con ellos, los dioses, los monstruos, los héroes y seres tan fantásticos como su imaginación les permitiera.

Estas maravillosas historias los ayudaban a entender la naturaleza: veneraban al Sol, que traía el calor y la vida; a la Luna, que iluminaba en la oscuridad, y con el tiempo adoraron a otros astros que existían en sus creencias, tan reales para ellos como la vida.

Hoy sabemos que más allá del cielo hay un sistema solar, con planetas que giran alrededor del Sol y satélites que giran alrededor de estos planetas y más, mucho más. Sus nombres se han elegido en honor a esos viejos mitos y otras leyendas que hablan de nuestro pasado y de nuestra curiosidad.

Sol

Nuestra estrella

El Sol es una estrella de tamaño mediano y **el cuerpo más grande del sistema solar**.

Se formó junto con el resto de planetas y astros que giran a su alrededor a partir de una nube de elementos que flotaba por el espacio. Tan enorme era la nube, y tanto se apretó a sí misma gracias a la fuerza de gravedad, que su centro se transformó en una enorme bola de hidrógeno cuyo interior se incendió con energía, luz y calor. Desde entonces, el Sol no ha dejado de brillar. Algún día se apagará, pero para que eso ocurra... **¡aún faltan miles de millones de años!**

¡Aquí estoy!

Sol Invictus

El Sol ha sido muchos dioses a lo largo de la historia. Conocido como **Apolo** o **Helios** desde los antiguos griegos, para nosotros su nombre proviene del latín, la lengua hablada por los antiguos romanos. Es el Sol Invictus, «el inconquistable», que en invierno derrota a la oscuridad y trae días más largos y noches más cortas.

Hoy en día sabemos que el Sol no es un dios ni una fuerza mística, sino una de las muchas estrellas que hay en el universo.

El planeta más pequeño

Mercurio es el planeta más pequeño del sistema solar y también el más cercano al Sol. Es un mundo rocoso, sin aire, y su interior esconde un **gran núcleo de metal**. La cara que mira a nuestra estrella se calienta muchísimo, mientras que la otra, donde es de noche, **¡se congela de frío!**

Una de las cosas más increíbles de Mercurio es que a veces tiene amaneceres dobles. Si pudiéramos ir hasta allí, en el momento adecuado, veríamos cómo el Sol sale por el horizonte para volver a esconderse como si hubiera cambiado de opinión y, tras esperar un buen rato, **¡aparece de nuevo!**

Sale.

Se esconde.

¡Vuelve a salir!

Mensajero de los dioses

Mercurio es uno de los cinco planetas que pueden verse a simple vista. En su caso, **podemos verlo antes del amanecer y poco después del atardecer**. Para las culturas antiguas, sus movimientos eran rápidos y confusos en comparación con los demás puntitos brillantes del cielo. Es por esto que fue relacionado con un dios veloz, astuto y... algo tramposillo.

Mercurio era una de las divinidades romanas del Olimpo y también el mensajero de los dioses, equivalente al dios Hermes de Grecia. Dicen que lo primero que hizo al nacer fue robarle unas ovejas a su hermanastro Apolo, aunque luego hicieron las paces y quedaron como amigos. Por ello también se lo conoce como el dios de los rebaños y de la prosperidad.

Venus

El planeta más caliente

Venus es el segundo planeta en distancia al Sol y el más abrasador de todos. Gira sobre sí mismo despacio y en sentido contrario al resto de planetas. Un día de Venus dura 243 días en la Tierra, y un año de Venus son 225 días. **¡Su día es más largo que su año! Curioso, ¿verdad?**

Es un mundo de roca, con un tamaño parecido al de la Tierra, pero sin mares ni océanos. La atmósfera de Venus es tan gruesa que atrapa demasiado calor del Sol. Por eso el planeta se calienta como si fuera un horno y no se enfría, sea de día o de noche. **¡Hace tanto calor que allí el plomo se derretiría!** Sus nubes contienen ácido sulfúrico, una sustancia peligrosa que es mejor evitar. Parece que Venus no es un lugar para irse de vacaciones.

¡Pero qué calor tengo!

Diosa del amor

Venus es e**l objeto astronómico más brillante después del Sol y la Luna**. Al igual que pasa con Mercurio, solo puede verse cerca del amanecer y poco después del atardecer. Su hermoso brillo, junto con los bonitos colores del cielo cuando es visible, hizo que los romanos la nombraran su diosa de la belleza y el amor. Para los griegos se llamaba Afrodita.

Algunos relatos dicen que fue hija de Dione y Júpiter (al que conoceremos después), otros que nació de la espuma del mar, pero la mayoría coincide en que su hermosura enamoró a dioses y mortales e inspiró a cientos de artistas que quisieron captar sus encantos.

La Tierra

Nuestro hogar

Nuestro planeta es especial; es el único mundo conocido con vida y con suficiente oxígeno para respirar. En la Tierra, **el agua existe en estado sólido, líquido y gaseoso**, y se mueve a cualquier parte gracias a las corrientes marinas, la lluvia y los ríos. A los humanos este ciclo nos parece normal, pero resulta que no ocurre en ningún otro lugar del sistema solar. Al menos no con el agua.

Otra cosa estupenda de la Tierra es que **tiene un campo magnético que nos envuelve y nos protege**. Sin este escudo invisible, el viento solar habría eliminado nuestra atmósfera hace tiempo y no tendríamos aire para vivir. **¡Menos mal!**

¡Ja, ja! Estoy protegida.

La Madre Tierra

La diosa Tellus o Terra fue la Madre Tierra en la antigua Roma. Para los griegos se llamaba Gea. Era considerada la diosa de los cultivos, y a sus creyentes les gustaba pensar que bendecía los matrimonios y era testigo de grandes promesas y juramentos. Y cuando había terremotos... **¡suplicaban su perdón porque pensaban que la diosa se había enfadado!**

La Luna

Vieja compañera

La Luna ha sido compañera de la Tierra casi desde el principio. Creemos que nació cuando un pequeño planeta llamado Tea chocó contra nuestro mundo hace miles de millones de años. A partir del material desprendido de esta colisión se formó la Luna.

En aquella época, la Luna giraba más cerca de la Tierra y, aunque no había nadie para mirar, **¡debía de verse enorme en el cielo!** Desde entonces se ha ido alejando de nosotros, y hoy en día continúa haciéndolo unos pocos centímetros cada año.

Diosa Luna

Al igual que el Sol, la Luna fue adorada por muchos pueblos antiguos, y cada uno lo hizo a su manera, como fuerza natural primero y más tarde como diosa. Unos la consideraron hermana del Sol, otros su amante o su enemiga, pero, en general, la Luna y el Sol siempre han tenido una fuerte relación en las historias que se cuentan.

La Luna también toma su nombre de los romanos y equivale a la diosa griega Selene, que era un ser luminoso y alegre que sabía disfrutar de los placeres de la vida. Como pasa a veces con los mitos, otra diosa llegó después y **¡le robó el título!** Hablamos de Artemisa para los griegos, que fue Diana para los romanos, y que tenía distintas cualidades, como la habilidad para cazar o la pureza.

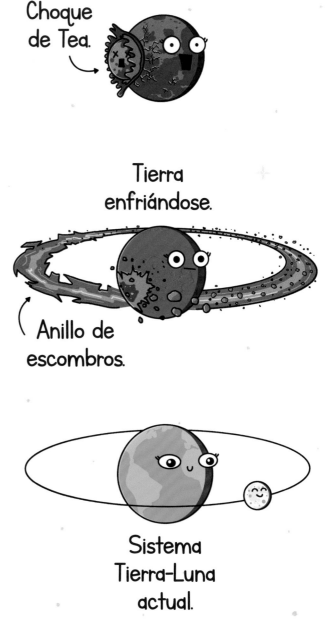

Choque de Tea.

Tierra enfriándose.

Anillo de escombros.

Sistema Tierra-Luna actual.

Marte

El planeta rojo

Marte es el último de los planetas rocosos del sistema solar interior y el cuarto en cuanto a distancia del Sol. **Esconde agua bajo tierra y en sus polos, pero es un mundo frío y seco.** En el pasado no era así: grandes lagos y ríos corrían por su superficie, pero, a diferencia de la Tierra, Marte perdió su campo magnético y el viento solar se llevó casi toda su atmósfera y su agua. Hoy día es polvoriento y rojo porque se ha oxidado con el transcurrir de los milenios. En Marte se eleva el volcán más alto de todo el sistema solar, el monte Olimpo, con unos 22 kilómetros de altura. **¡Tres veces más grande que la montaña más alta de la Tierra!**

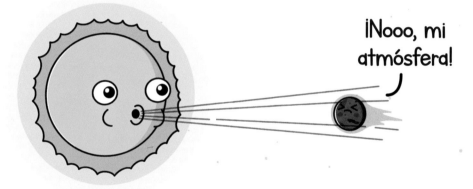

¡Nooo, mi atmósfera!

Dios de la guerra

Marte se ve en el cielo como si fuera una estrella de color rojo anaranjado. **Por ello, a menudo lo llaman «el planeta rojo».** Este color, como el de la sangre, hizo que los romanos le pusieran el nombre de su dios de la guerra, Marte, que para los griegos se llamaba Ares.

Ambos pueblos no sentían lo mismo por su dios. En Grecia, Ares era un ser sanguinario y con mal genio, mientras que, para los romanos, Marte representaba la justicia y era el padre de Rómulo y Remo, los fundadores de Roma. **¡Vaya diferencia!**

Lunas diminutas

Marte tiene dos pequeños satélites con forma de patata girando en torno a él. Fobos es el mayor de los dos y Deimos mide alrededor de la mitad. Además, Fobos, el más cercano, se está aproximando a Marte poco a poco a cada vuelta que da. En un futuro lejano, esta pequeña luna acabará rompiéndose y formará un anillo alrededor del planeta. **¡Pobrecita!**

Por el contrario, su hermano Deimos se aleja cada vez más de Marte, por lo que un día se escapará hacia el espacio. Eso quiere decir que, en el futuro, Marte no tendrá satélites.

¡Pues me independizo!

Hijos de Ares

Según la mitología griega, Fobos y Deimos eran gemelos e hijos del dios Ares y la diosa Afrodita. Ya te habrás dado cuenta: esta vez el origen del nombre es griego y no romano. **Fobos** significa «miedo», mientras que **Deimos** significa «dolor». Como ambos hermanos acompañaban a su padre a participar en la guerra, se los conocía como el dios del miedo y del dolor en la batalla. **¡Qué temibles!**

El cinturón de asteroides

Más allá de Marte y antes de llegar a Júpiter se extiende una región del espacio en la que hay miles de cuerpos con forma irregular y distintos tamaños. A esta zona se la conoce como el cinturón de asteroides.

Algunos de estos asteroides son pequeños como piedrecitas, otros son enormes como montañas y el más grande de todos es comparable a un planeta pequeño. Son tantos que se reparten formando un inmenso anillo alrededor del Sol, pero no hay que imaginarse el cinturón de asteroides como un lugar lleno de rocas que chocan entre sí; la verdad es que cada asteroide importante está separado de su vecino por millones de kilómetros y rara vez se tocan.

Su origen se remonta al nacimiento del sistema solar: hay quien cree que son trozos de un mundo que no llegó nunca a formarse, otros opinan que se trata de restos provenientes de otras partes del sistema solar que se acumularon con el tiempo. Lo que se sabe con seguridad es que el cinturón de asteroides es la frontera que separa el sistema solar interior de los gigantes gaseosos.

Ceres

Planeta enano entre asteroides

Ceres es el cuerpo más grande del cinturón de asteroides y es el planeta enano más cercano al Sol. Es uno de los mundos más oscuros del sistema solar y por eso llaman mucho la atención las zonas brillantes que salpican algunos de sus cráteres y montañas. Estas manchas blancas son enormes depósitos de sales provenientes del interior de Ceres, pero, ojo, **¡no hay que confundirla con la sal de mesa que usamos en casa!**

En realidad, sale agua de mi interior.

El agua se va y lo que queda son sales.

Diosa de la agricultura

Según cuenta la leyenda, Ceres tenía una hija muy querida llamada Proserpina que fue secuestrada por su tío Plutón, el dios del inframundo. Ceres la buscó por todas partes: se disfrazaba para no ser reconocida y enseñaba el arte de la agricultura a todo aquel que fuera bueno con ella o le diera información sobre su hija perdida. Finalmente, el todopoderoso Júpiter ayudó a Ceres y obligó a Plutón a devolver a Proserpina, pero el dios del inframundo consiguió hechizar a la muchacha para que volviera junto a él durante seis meses al año. **¡Menudo canalla!**

Y esta, dicen, es la razón por la que en primavera y verano Ceres es feliz con su hija y la vida regresa a la naturaleza, mientras que en otoño e invierno, cuando Proserpina se marcha, la tristeza invade a la diosa y la tierra pierde su frescura. Es una bonita historia para explicar las estaciones.

Vesta

Palas

Los primeros asteroides

Vesta, Palas y Juno fueron los primeros asteroides que se descubrieron en la historia, a principios del siglo XIX. Palas es el de mayor tamaño, y Vesta tiene un gran cráter en cuyo centro se eleva una montaña de 23 kilómetros de altura desde su base, siendo una de las más altas del sistema solar. Juno es el más pequeño e irregular de los tres cuerpos.

Palas, diosa de la sabiduría

Cuando la diosa Atenea era joven, solía competir con su amigo humano Palas en fuerza y habilidad. Un día, ambos se «divertían» arrojándose lanzas para esquivarlas o detenerlas con sus escudos. En un mal momento, Atenea no midió bien, y su arma voló con fuerza e hirió de muerte a su compañero de juegos. Triste, se hizo llamar Palas Atenea a partir de entonces, en homenaje a su amigo.

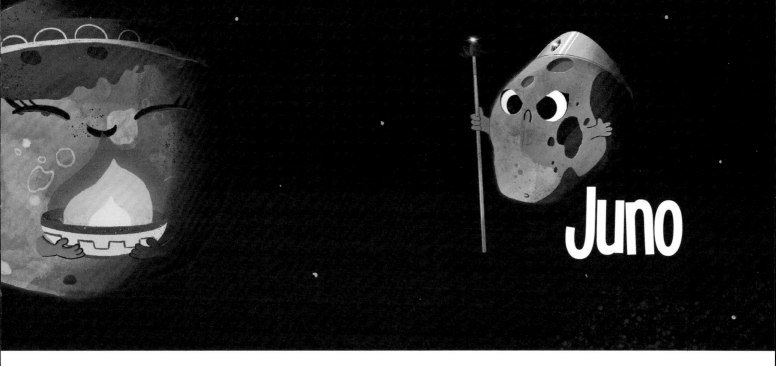

Juno

Vesta, diosa del hogar

En la mitología romana, Vesta era la diosa del hogar o, mejor dicho, del fuego que da calor y vida a los hogares. Era una diosa pacífica y fiel. En la antigua ciudad de Roma existía un templo dedicado a ella en el que seis sacerdotisas, las vírgenes vestales, mantenían vivo un fuego eterno para demostrar el bienestar y poder de la capital romana.

Juno, reina de los dioses

Juno era una diosa romana, equivalente a Hera entre los griegos. Fue la esposa de Júpiter, lo que la convertía en reina de los dioses, una de las más poderosas y temidas. Cuentan que no era feliz en su matrimonio; y es que, al parecer, Juno sentía celos por culpa de las aventuras amorosas de su marido. Cuando se ponía celosa, la apacible diosa se volvía un poco vengativa. **¡Cuidado con ella!**

Júpiter

El planeta más grande

Dejamos atrás el cinturón de asteroides para adentrarnos en el sistema solar exterior al encuentro de Júpiter, el planeta más colosal de nuestro sistema planetario.

Los gigantes de gas como Júpiter no tienen suelo en el que aterrizar. Su parte exterior es gaseosa y, a medida que nos adentramos en su interior, el gas se convierte en líquido y luego en un extraño sólido a mucha presión. En la capa exterior de Júpiter podemos observar **cinturones de nubes turbulentas** y uno de sus rasgos más llamativos, **la Gran Mancha Roja**, que es una tormenta tan grande como dos planetas Tierra.

Padre de los dioses

Júpiter es el cuarto objeto más brillante en el cielo nocturno, pero, a diferencia de Venus, viaja por el cielo más despacio. Los pueblos antiguos pensaban que estaba muy lejos y que, por tanto, debía de ser el planeta más grande o el que brillaba con más fuerza.

Por eso, los antiguos romanos lo nombraron **padre de los dioses, rey del Olimpo y señor del cielo**. Era el equivalente al dios griego Zeus. Aunque se trataba de un dios sabio que impartía justicia, también era un poco ligón y para conquistar a sus diferentes amantes se valía de trucos y transformaciones mágicas. Por esta razón Juno, su esposa, se ponía tan celosa.

Satélites galileanos

Las lunas más grandes de Júpiter son Ío, Europa, Ganímedes y Calisto, los satélites galileanos, llamados así porque los descubrió el famoso sabio Galileo Galilei en 1610. Galileo fue una de las primeras personas en usar un telescopio para estudiar el espacio exterior.

Ío es el satélite más cercano a Júpiter. Tiene decenas de volcanes que escupen lava sin parar: hay lagos de azufre fundido y ríos ardientes de varios kilómetros de largo. Vamos…, **¡un lugar ideal!**

Europa es la siguiente luna. Está recubierta por una capa agrietada de hielo de muchos kilómetros de espesor y, bajo todo ese hielo, se cree que existe un océano de agua líquida alimentado por fuentes de calor que podrían servir de hogar para la vida.

Ganímedes es el tercero de los galileanos y no solo es el satélite más grande de Júpiter, sino que es el más grande de todo el sistema solar, superando en tamaño al planeta Mercurio. Tiene un gran océano subterráneo que contiene más agua líquida de la que hay en la Tierra.

Calisto es el más lejano. Su superficie está repleta de cráteres y es muy antigua, pero también es posible que haya un océano en su interior.

Europa

Calisto

Amantes de Zeus

Los satélites galileanos toman su nombre de cuatro amantes del dios Zeus, la versión griega de Júpiter.

Ío fue una ninfa sacerdotisa de la diosa Hera (Juno) que Zeus sedujo durante sus sueños. La muchacha se dejó querer, pero, por desgracia, Hera se enteró y el dios se vio obligado a transformar a su amada en una ternera blanca para ocultarla de su esposa. La pobre Ío lo pasó mal, pero al final recuperó su forma humana.

Europa también fue engañada por Zeus. Esta vez, la trampa del dios consistió en convertirse en un toro blanco para impresionarla. La doncella, viendo lo manso que era, se subió encima de él, momento que el dios aprovechó para llevársela lejos, hasta la isla de Creta, donde finalmente estuvieron juntos.

Ganímedes fue un hermoso príncipe, también raptado por Zeus; en este caso, el dios tomó la forma de un águila. Lo elevó hasta el Olimpo, al hogar de los dioses, y allí el muchacho se dedicó a la honorable tarea de servirles las bebidas y llenarles las copas a las divinidades.

Por último, **Calisto** fue una cazadora al servicio de la diosa Artemisa. Fue convertida en osa como castigo por estar con Zeus (o para salvarla de Hera). Al final, la transformaron en constelación, la Osa Mayor, para que viviera para siempre en el cielo.

Saturno

El planeta de los anillos

Saturno es otro gigante de gas. Si existiera un recipiente lo bastante grande como para meterlo en agua, Saturno flotaría. Otra curiosidad de Saturno está en su polo norte. Allí las nubes forman un hexágono que nace con los vientos de la atmósfera.

Lo más llamativo de este planeta son sus enormes anillos. Aunque todos los planetas gaseosos del sistema solar tienen anillos, solo los de Saturno se ven fácilmente desde la Tierra. Están compuestos por agua helada y partículas, que van desde el polvo más fino hasta rocas de varios metros de tamaño. **Son espectaculares**.

Hexágono del polo norte.

El señor del tiempo

En la antigüedad, Saturno era el planeta menos visible y también el más lento. **Parecía moverse por encima de los demás**, como un anciano. Por esa razón, las viejas civilizaciones lo identificaban con el señor del tiempo o del calendario.

En Grecia aquel dios era **Cronos**, perteneciente a la raza de los titanes. Los romanos lo identificaron con su dios de las cosechas y la abundancia, Saturno, el padre de Júpiter, es decir, de Zeus. Cronos fue un monarca terrible. Tanto que llegó a zamparse a varios de sus hijos por miedo a que, cuando crecieran, le quitaran el trono. Pero Zeus escapó, rescató a sus hermanos con una poción mágica y fue a la guerra contra él y otros titanes. Tras diez años de lucha, Zeus venció y desterró a su padre y al resto de sus enemigos al Tártaro, un profundo abismo donde las almas eran juzgadas después de la muerte.

El satélite más grande

Titán es el mayor satélite de Saturno y el único conocido con una atmósfera densa. Hay lagos, ríos y llueve, pero **¡no es agua lo que fluye por su superficie!**, sino metano y etano líquidos, sustancias que en la Tierra normalmente son gaseosas.

Otro secreto de Titán son sus enormes campos de dunas, que están formados por un material más parecido al plástico que a la arena. Si pudiéramos ir hasta allí, veríamos un cielo anaranjado, nubes heladas y una espesa niebla por todas partes. Es un lugar extrañísimo.

Aquí en Titán hace tanto frío que el gas se vuelve líquido y el agua es hielo tan duro como la roca.

Hijos del cielo y la tierra

Los titanes y las titánides eran, según los mitos griegos, una raza de dioses hijos de los titanes primordiales, Urano y Gea, que personificaban el cielo y la tierra, respectivamente.

Reinaron antes que los dioses del Olimpo y solían representarse como criaturas colosales y poderosas. Cuando Zeus ganó la batalla contra su padre, Cronos, muchos titanes fueron encerrados en el Tártaro, un horrible lugar situado en lo más profundo del inframundo, el reino del dios Hades.

Lunas y más lunas

Estas cuatro lunas son las más grandes después de Titán. Se parecen mucho entre sí, están cubiertas de cráteres y son de roca y hielo de agua. La diferencia más llamativa la encontramos en Japeto, ya que una de sus caras es diez veces más oscura que la otra debido a la caída de polvo espacial.

Rea, reina de los dioses

Rea era la madre de grandes dioses como Zeus, al que logró salvar de ser devorado por Cronos. La diosa le entregó a Cronos una piedra envuelta en pañales en lugar del Zeus bebé y escondió al pequeño dios en una cueva de Creta.

Dione

Tetis

Rea

Japeto

Tetis, diosa de las aguas

Esta titánide fue madre de las ninfas marítimas conocidas como oceánides, es decir, de los ríos.

Dione, reina divina

Algunas historias sugieren que Dione era en realidad la diosa Rea y, según a quien le preguntes, también la madre de Afrodita (Venus).

Japeto, abuelo de la humanidad

Japeto era el titán de la voz y el pensamiento. Podríamos considerarlo un abuelo de los seres humanos, ya que dos de sus hijos, Prometeo y Epimeteo, fueron los creadores de la humanidad y del resto de las criaturas mortales, según la mitología griega.

Cráter sobre cráter

Mimas es otro satélite helado de Saturno, el más cercano y pequeño de los que hemos conocido hasta ahora. Tiene un montón de cráteres, lo que indica que su superficie es antigua; hay tantos que, si un asteroide chocara sobre él, solo podría caer en el interior de otro cráter más viejo. El más grande es el gran cráter Herschel, formado por una colisión tan violenta que casi parte la luna en pedazos.

Oye, nos parecemos un poco, ¿no?

Géiseres hasta el espacio

Encélado es blanca como la nieve y es la luna más fría de Saturno. Aunque está congelada por fuera, en su interior hay un océano subterráneo y fuentes de calor, lo que provoca que el agua salga en forma de fuente, formando más de cien géiseres en su hemisferio sur. Son tan altos que expulsan líquido hasta el espacio: una parte cae en forma de nieve y el resto, que no vuelve…, ¡forma uno de los anillos de Saturno!
Encélado es uno de los mundos del sistema solar más interesantes, porque tiene agua y calor, elementos indispensables para la vida.

Poderosos gigantes

Mimas y Encélado no recibieron nombres de titanes, sino de gigantes. No hay que confundir a titanes y gigantes, pues, aunque son parientes cercanos, su naturaleza es diferente. Los gigantes nacieron de Gea para pelear contra Zeus. Resulta que a Gea no le hizo gracia que su nieto Zeus encerrara a sus hijos titanes en el Tártaro después de la guerra. **Normal, ¿no?** Para vencer a los gigantes, era necesario que un dios y un mortal pelearan juntos. Los gigantes fueron derrotados por los dioses del Olimpo y por varios héroes mortales, entre los que destacó Heracles (Hércules).

Mimas fue vencido por Hefesto, el dios del fuego y la forja, que le arrojó proyectiles de metal fundido. Encélado huyó del campo de batalla y a Atenea solo se ocurrió… **¡tirarle encima la isla de Sicilia!**

Urano

El planeta tumbado

Urano es otro gigante gaseoso, pero posee una mayor proporción de hielo en su atmósfera, la más fría del sistema solar, por eso hay quien lo considera un gigante helado. Como otros planetas gaseosos, no tiene una superficie firme, aunque se cree que en su interior hay hielo y roca. Lo que hace especial a Urano respecto a otros planetas y no sabemos por qué... **¡es que gira tumbado!**

Padre

Bisabuelo

Hijo

Abuelo

La personificación del cielo

Para los astrónomos de la antigüedad, Urano no se distinguía de otras estrellas. Por eso, aunque a veces se puede atisbar a simple vista, no fue clasificado como planeta hasta que, el 13 de marzo de 1781, William Herschel lo descubrió con ayuda de un gran telescopio. Si después de Marte estaba Júpiter, y luego Saturno, parecía lógico que después de Saturno estuviese Urano, el antepasado de todos ellos. **¡Nombre fácil para Urano!**

Urano era un titán primigenio que personificaba el cielo. Estaba casado con Gea, por lo que es el ancestro de la mayoría de los dioses griegos. Tenía la mala costumbre de impedir que sus hijos titanes fueran libres después de nacer, así que Gea se enfadó y quiso librarse de él. Fue Cronos quien decidió ayudar a Gea, su madre, y pasó a convertirse así en el **nuevo rey del universo**, antes de que lo fuera Zeus.

Los grandes satélites de Urano

Titania y Oberón son los mayores satélites de Urano: mundos repletos de cráteres cuyo interior, se cree, podría estar hecho con un núcleo de roca y un manto de hielo.

Titania es el más grande de los dos, con una superficie con grietas y abismos creados durante su formación.

Oberón es parecido a Titania, algo más oscuro y viejo, saturado de cráteres y con pocos signos de actividad interna.

William
Shakespeare

Titania

Alexander Pope

Reyes de las hadas

Los nombres de los satélites de Urano rompen con la tradición de usar la mitología para denominar objetos astronómicos y, en cambio, toman sus nombres de personajes de las obras de William Shakespeare y Alexander Pope, **dos autores ingleses muy famosos**.

Titania es la reina de las hadas y Oberón es su marido. Ambos protagonizan una riña en la obra *El sueño de una noche de verano*, una divertida comedia de amores y malentendidos que afortunadamente termina bien para todos.

Oberón

Lunas con un mismo origen

Ariel, Umbriel y Miranda son satélites parecidos a Titania y Oberón, aunque más pequeños y cercanos a Urano. **Umbriel** es la más oscura de las cinco lunas, mientras que **Ariel** es la más brillante y **Miranda** es la más pequeña. Sobre Miranda se extiende Verona Rupes, el acantilado más alto del sistema solar, **¡con 20 kilómetros de altura!**

La razón de que todos estos satélites se parezcan tanto entre sí es que se formaron a partir de la misma nube de materiales alrededor de Urano.

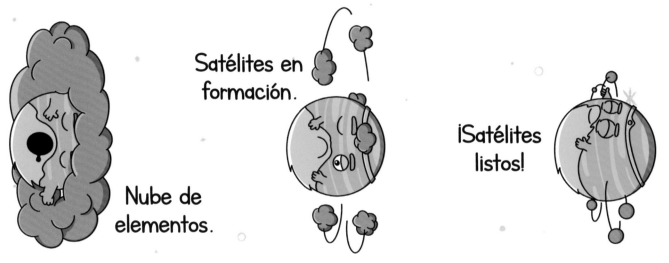

Satélites en formación.

Nube de elementos.

¡Satélites listos!

Seres mágicos

En la obra *La tempestad*, de Shakespeare, Miranda es la hija de Próspero, el duque de Milán. Por cosas de la vida, ella y su padre viven en una isla donde encuentran a un travieso silfo atrapado en un árbol por culpa del hechizo de una bruja. Es Ariel, un espíritu infantil que se pone al servicio de Próspero.

El silfo Ariel también aparece en otra obra llamada *El rizo robado*, donde conocemos a Umbriel, un gnomo que disfruta con las desgracias ajenas. Así, mientras Ariel es luz y brillo, Umbriel es oscuridad y sombras.

Miranda

Ariel

Umbriel

Neptuno

El planeta de los vientos

Neptuno es el más lejano de los planetas del sistema solar. Al igual que Urano, es considerado un gigante helado, pero su clima es más activo, con vientos de hasta 2.400 kilómetros por hora, **¡los más rápidos del sistema solar!** Urano y Neptuno son mundos de color azulado, pero el azul de Neptuno es más profundo y nadie sabe por qué. Debe de haber algún tipo de sustancia capaz de dar a este planeta su bella tonalidad.

¡Ahí estás!

Ya era hora.

Dios de los mares

Neptuno fue el primer planeta descubierto utilizando las matemáticas. Los científicos pudieron predecir dónde estaba antes de buscarlo por el cielo. Fue Urbain Le Verrier quien supo dónde mirar y, gracias a él, fue descubierto el 23 de septiembre de 1846. **¡Ajá, ahí estaba!**

Neptuno era el señor de los mares, igual que el dios griego Poseidón. Este dios fue devorado al nacer por su padre, Cronos, pero volvió a la vida gracias a Zeus y luchó con él contra los titanes de su padre. Cuando terminó la batalla, el mundo fue dividido en tres: Zeus recibió la tierra y el cielo, Hades el inframundo y Poseidón los mares, en cuyas profundidades se levanta su reino.

Tritón

Proteo

Lunas heladas

Tritón es la luna más grande de Neptuno con diferencia. Es casi siete veces mayor que Proteo, la segunda en tamaño. Tritón gira en sentido contrario al resto de lunas de Neptuno porque se formó en otra parte del sistema solar y después fue capturada por el gigante helado. **¡Va al revés!** Chorros de gas y polvo suben hasta lo alto de su cielo, corrientes de hielo excavan el paisaje y las temperaturas son tan frías que tiene **criovolcanes**, elevaciones que no escupen lava, sino sustancias heladas en estado líquido.

Proteo, en comparación, no llama mucho la atención, pero tiene el dudoso honor de ser el cuerpo irregular más grande del sistema solar. **¡Irregularmente grande!**

Dioses marinos

Tritón era hijo de Poseidón y Anfitrite, la diosa del mar en calma. Como dios marino, gobernaba las profundidades de los océanos y tenía el poder de calmar las aguas soplando a través de su cuerno, que había sido fabricado a partir de una caracola.

Proteo, también hijo de Poseidón, era otro dios marino que podía cambiar de forma a voluntad. Tenía el don de predecir el futuro, pero solo lo hacía para aquellos que fueran capaces de atraparlo a pesar de sus transformaciones. **¡Todo un superpoder!**

¡Escupo hielo!

Halley

El primer cometa

Los cometas son cuerpos celestes que dan vueltas alrededor del Sol. La mayoría se alejan mucho de nuestra estrella para luego acercarse bastante a ella. A diferencia de los asteroides, cuando los cometas reciben suficiente calor, sueltan gases que envuelven su núcleo. A medida que se acercan al Sol, el viento solar sopla y les forma una o más colas de polvo y gas.

Hay dos tipos de cometas: los de periodo corto, que tardan menos de 200 años en dar una vuelta alrededor de Sol, y los de periodo largo, que lo hacen en miles o millones de años, ya que viajan muy lejos. **¡Son los exploradores espaciales!** El Halley es el más famoso de los cometas, porque fue el primero en ser considerado como tal. Hasta entonces se creía que los cometas solo hacían una pasada a través del sistema solar para no volver jamás.

Mira que se va lejos el cometa.

Pero después me acerco un montón.

Astrónomo Halley

En 1705, el astrónomo inglés Edmund Halley se dio cuenta de que varios cometas brillantes observados en el pasado eran en realidad el mismo cuerpo regresando una y otra vez. Así fue como Halley descubrió el primer cometa periódico conocido en la historia: **¡el cometa Halley!**

Desde entonces, el cometa Halley se ha relacionado con observaciones de hasta 2.000 años de antigüedad. Ahora sabemos que el punto más lejano de su órbita está más allá de Neptuno y que se acerca al Sol cada 75 años terrestres, más o menos, lo que lo convierte en un cometa de periodo corto.

Cinturón de Kuiper

Nos adentramos en una misteriosa región conocida como el cinturón de Kuiper. ¡Qué yuyu! Su extensión es enorme, comparable a la distancia que hay desde el Sol hasta Neptuno, o incluso mayor, y está poblado por millones de cometas y cientos de miles de objetos de gran tamaño, restos del nacimiento del sistema solar. Ojo, ¡que no es basura espacial!

Como está tan lejos, sabemos poco de este lugar, pero hemos encontrado algunos planetas enanos y lunas: **los astromitos más recientes conocidos.**

Plutón

Caronte

Planeta enano

Plutón es uno de los planetas enanos del cinturón de Kuiper. Tiene el mayor glaciar del sistema solar, llamado Sputnik Planitia, que está formado por gases congelados y blandos como la pasta de dientes. Sobre Sputnik Planitia flotan montañas de hielo. Al igual que en Tritón, hay criovolcanes que escupen líquido helado en vez de lava. **¡Qué mal genio! Caronte** es la mayor de las cinco lunas de Plutón y su superficie contiene mucho hielo de agua. Una mancha oscura de origen desconocido domina su polo norte. **¡Todo un misterio espacial!** Con relación a Plutón, Caronte es un satélite grande, y por eso algunos piensan que son como un planeta doble, girando uno en torno al otro, en vez de un planeta y su luna.

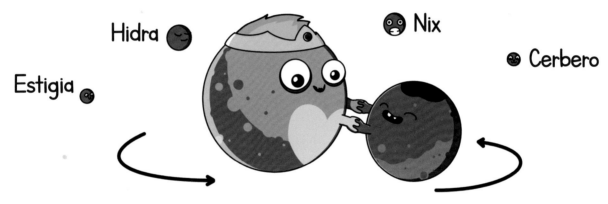

Hidra

Estigia

Nix

Cerbero

Habitantes del inframundo

Plutón fue considerado el noveno planeta durante todo el siglo XX. Recibió un nombre importante, digno de su posición en el sistema solar: Plutón, el dios romano del inframundo, equivalente a Hades para los griegos. El inframundo fue el reino que heredó Hades tras la victoria en la guerra contra los titanes. Situado bajo tierra, allí moraban los muertos; a mayor profundidad se encontraba el Tártaro, un horrible lugar donde vivían los monstruos y titanes encarcelados. **El lugar ideal para ir de vacaciones, ¿verdad?**

Caronte era el barquero encargado de conducir a las almas de los recién fallecidos a través de la laguna Estigia para llevarlas al reino de Hades.

Eris

Disnomia

Un planeta enano muy lejano

Eris es otro planeta enano del cinturón de Kuiper, casi del mismo tamaño que Plutón pero un poco más pesado. Está tan lejos que tarda 557 años en dar una vuelta al Sol. **¡Menudo maratón!** Si lo comparamos con el resto de planetas, la órbita de Eris es la más inclinada de todas, y por esa razón este planeta enano no fue descubierto antes. Eris tiene un satélite compañero llamado **Disnomia**, minúsculo para la inmensidad del espacio, unas sesenta veces más pequeño que el planeta enano.

¡Ja, ja! No eres un planeta por mi culpa.

Jooo.

Discordia y desorden

Cuando Eris fue descubierta, los científicos se dieron cuenta de que Plutón no debería ser un planeta. Y es que Eris y Plutón son más pequeños que el resto de planetas que giran alrededor del Sol y tienen cerca asteroides, cometas y otros objetos helados. No todo el mundo estuvo de acuerdo con esta decisión. Muchas personas se enfadaron porque Plutón dejara de serlo de la noche a la mañana. **¡Vaya revés para el pobre Plutón!**

Este descontento fue la razón de que Eris se llame así, como la diosa griega de la discordia. En la mitología, Eris engañaba a los demás para que se pelearan entre sí. Una vez, en una boda, ofreció una manzana dorada «a la más bella», y tres diosas se enfadaron para ver quién se la merecía más. **¡Esto acabó provocando la guerra de Troya!** Disnomia es una de las hijas de Eris, un espíritu o demonio al que le gusta que la gente se porte mal. **De tal palo, tal astilla.**

Makemake

Eris no era el único

Makemake es otro planeta enano que conocimos después de Eris, aunque no se aleja tanto en las profundidades del sistema solar y «solo» tarda 308 años en dar una vuelta alrededor del Sol. Es un mundo algo más pequeño que Plutón e igualmente frío. Su superficie, un poco rojiza, también se cubre de gases helados. Makemake está acompañado de al menos un pequeño satélite, **tan oscuro como el carbón**.

Conejo de Pascua.

Estatua de la Isla de Pascua.

Dios de la creación

Antes de ser bautizado de verdad, el planeta enano Makemake era conocido como **«Conejo de Pascua»**, porque se descubrió durante la semana de Pascua. Su nombre final, Makemake, lo toma del dios creador del mundo de los Rapa Nui, los habitantes de la Isla de Pascua. La isla se llama así por la misma razón: fue descubierta por los europeos en Domingo de Pascua.

Dice la leyenda que cuando Makemake creó la Tierra se sintió solo y por eso también creó a los humanos. Más tarde condujo a algunos de ellos a una isla deshabitada, la Isla de Pascua, para que levantaran un nuevo reino. Y allí, dicen, **se quedaron a vivir los Rapa Nui**, e hicieron las famosas esculturas de piedra que todo el mundo conoce.

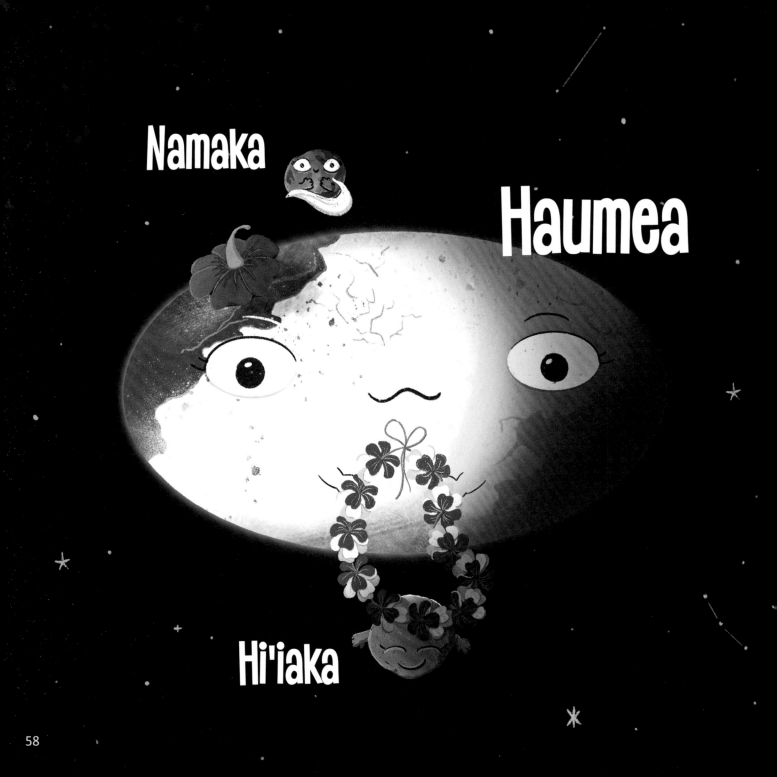

Balón de rugby planetario

Otro objeto interesante del cinturón de Kuiper es **Haumea**. **¡Tiene forma de balón de rugby!** Este planeta enano gira a tanta velocidad que tiende a desparramarse hacia afuera, de ahí su extraña apariencia.

Seguramente esta velocidad se deba a un impacto que sufrió contra un objeto de, por lo menos, la mitad de su tamaño, que le dio un buen impulso y arrojó escombros al espacio, a partir de los cuales se pudieron crear sus dos lunas, llamadas **Hi'iaka** y **Namaka**.

Un poco sí que nos parecemos.

Diosa de la fertilidad

El nombre de Haumea proviene de la mitología hawaiana. La razón es que este planeta enano fue descubierto desde la isla de Hawái. **Haumea** es la diosa de la fertilidad y madre de muchos dioses. Decían que sus hijos nacieron de diferentes partes de su cuerpo.

Hi'iaka, diosa de las plantas, la poesía y la danza, surgió de la boca de Haumea, mientras que **Namaka**, diosa del mar, vino del muslo de su madre.

Un visitante de otra estrella

Durante millones de años, **este cuerpo flotó por el espacio en un viaje sin rumbo**. Un buen día, **Oumuamua** entró en nuestro sistema solar, y se convirtió así en el primer visitante proveniente de otra estrella del que tenemos noticia. Y esto lo hace único y especial para nosotros.

Oumuamua ya se ha ido y se perderá de nuevo en las profundidades del espacio para visitar otra estrella en un futuro lejano. **¡Buen viaje!**

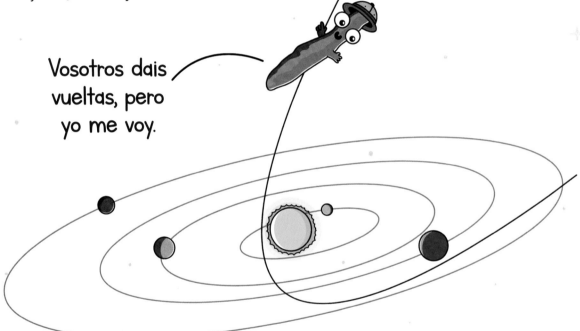

Vosotros dais vueltas, pero yo me voy.

El primer explorador

Como Haumea, Oumuamua fue descubierto desde Hawái. Su nombre quiere decir algo así como «llegar desde lejos» o «el primero que nos alcanzó». Los astrónomos piensan que cada año nos visitan varios objetos de fuera del sistema solar, pero son tan pequeños que no los detectamos casi nunca. No importa cuántos encontremos en el futuro, porque **Oumuamua siempre será el primero**.

Oumuamua

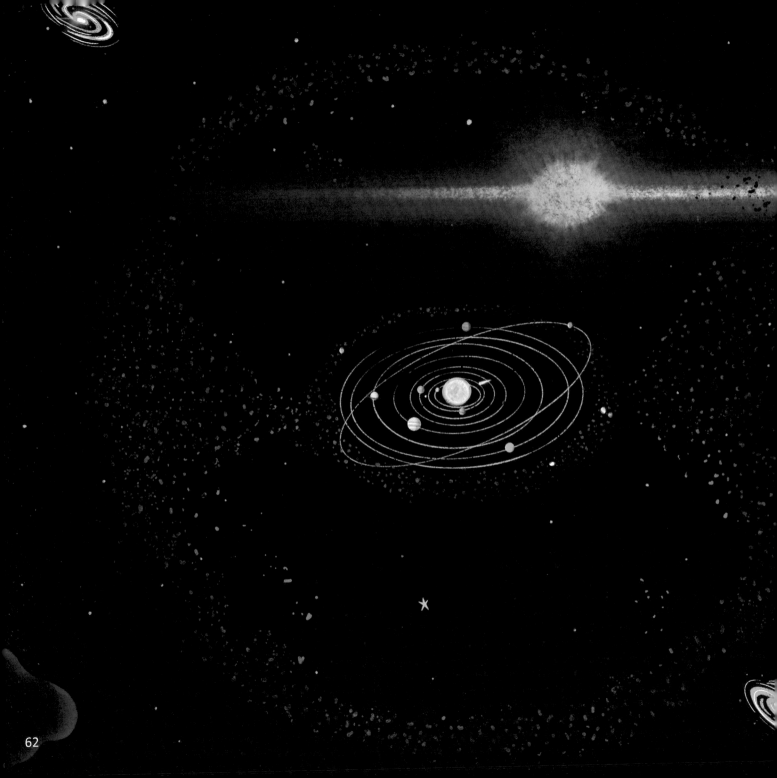

La nube de Oort y más allá

Hemos recorrido una larga distancia, desde el centro del sistema solar y hasta las profundidades del espacio. Ahora alcanzamos una frontera desconocida de la que sabemos poco, porque es tan lejana que la luz del Sol no es suficiente como para iluminarnos el camino. En ella hay mundos parecidos a Plutón que permanecen escondidos. Incluso, dicen, hay un noveno planeta esperando a ser descubierto, aunque no lo sabemos seguro.

Lo que sí sabemos es que el cinturón de Kuiper acaba como si de repente ya no hubiera más rocas, ni más hielos. Más allá, hay un disco disperso y después, una nube redonda de objetos que envuelven todo el sistema solar. De allí vienen los cometas de largo periodo que tardan miles o millones de años en dar una vuelta al Sol. **¡Es el más allá!**

Es la nube de Oort, tan alejada que para superarla por completo tendríamos que viajar un año a la velocidad de la luz. **¡Y nada puede ir más rápido que la luz!**

Tras ella, nos adentramos en el espacio interestelar de nuestra galaxia, la Vía Láctea. Millones de estrellas brillan con luz propia y nos enseñan que hay una cantidad inimaginable de planetas repartidos por el universo. Tantos mundos a los que poner nombre y de los que aprender, tantas leyendas que se contarán, tantos astromitos por nacer.

Será maravilloso encontrarlos.

Papel certificado por el Forest Stewardship Council®

Primera edición: septiembre de 2020
Tercera reimpresión: octubre de 2021

© 2020, Carlos Pazos, por el texto y las ilustraciones
© 2020, Penguin Random House Grupo Editorial, S. A. U.
Travessera de Gràcia, 47-49. 08021 Barcelona

Printed in Spain - Impreso en España

ISBN: 978-84-488-5501-7
Depósito legal: B-4.133-2020

Diseño y maquetación: LimboStudio
Impreso en Índice, Barcelona

BE 5 5 0 1 B

• FUTUROS GENIOS •
LA CIENCIA EXPLICADA A LOS MÁS PEQUEÑOS

ASTRONÁUTICA
CARLOS PAZOS
FUTUROS GENIOS
LA CIENCIA EXPLICADA A LOS MÁS PEQUEÑOS

GENÉTICA
CARLOS PAZOS
FUTUROS GENIOS
LA CIENCIA EXPLICADA A LOS MÁS PEQUEÑOS

FÍSICA CUÁNTICA
CARLOS PAZOS
FUTUROS GENIOS
LA CIENCIA EXPLICADA A LOS MÁS PEQUEÑOS

EVOLUCIÓN
CARLOS PAZOS
FUTUROS GENIOS
RAWR
LA CIENCIA EXPLICADA A LOS MÁS PEQUEÑOS